CON GRIN SUS CONOCIMIENTOS VALEN MAS

- Publicamos su trabajo académico, tesis y tesina

- Su propio eBook y libro - en todos los comercios importantes del mundo

- Cada venta le sale rentable

Ahora suba en www.GRIN.com
y publique gratis

Bibliographic information published by the German National Library:

The German National Library lists this publication in the National Bibliography;
detailed bibliographic data are available on the Internet at http://dnb.dnb.de .

This book is copyright material and must not be copied, reproduced, transferred,
distributed, leased, licensed or publicly performed or used in any way except as
specifically permitted in writing by the publishers, as allowed under the terms and
conditions under which it was purchased or as strictly permitted by applicable
copyright law. Any unauthorized distribution or use of this text may be a direct
infringement of the author s and publisher s rights and those responsible may be
liable in law accordingly.

Imprint:

Copyright © 1996 GRIN Verlag, Open Publishing GmbH
Print and binding: Books on Demand GmbH, Norderstedt Germany
ISBN: 9783668269088

This book at GRIN:

https://www.grin.com/document/336353

Jesús Muñoz Morcillo

"El Mundo Helenístico" de Walbank. Un epítome

GRIN Publishing

GRIN - Your knowledge has value

Since its foundation in 1998, GRIN has specialized in publishing academic texts by students, college teachers and other academics as e-book and printed book. The website www.grin.com is an ideal platform for presenting term papers, final papers, scientific essays, dissertations and specialist books.

Visit us on the internet:

http://www.grin.com/

http://www.facebook.com/grincom

http://www.twitter.com/grin_com

El Mundo Helenístico de Walbank.

Un epítome de Jesús Muñoz Morcillo

F. B. Walbank, *El Mundo Helenístico***, Madrid: Taurus, 1985** (= *The Hellenistic World*, Glasgow, 1981). Traducción de la Editorial Taurus, revisada por Francisco Javier Lomas.

Ficha técnica

Número de páginas: 263. Encuadernación: rústica. Distribución: el libro consta de una introducción realizada por el director de la colección *La Historia del Mundo Antiguo*, Oswyn Murray, un prefacio a la obra escrito por el autor y fechado en enero de 1980, Cambridge; un primer capítulo dedicado a las fuentes (págs. 13-26), seguido de otros doce (págs. 27-226), cada uno centrado sobre un aspecto o una serie de aspectos del mundo helenístico; un cuadro cronológico (págs. 227-231); ilustraciones (págs. 144-145); un apartado de mapas (págs. 232-236); una lista de las abreviaturas utilizadas (págs. 237-239); unas páginas de bibliografía (240-250); un índice de fuentes (251- 254); un índice de nombres y materias (255-260); una lista de los mapas y las ilustraciones que aparecen en el libro (261); y el índice del libro (263).

Compendio del libro[1]

El libro comienza con un primer capítulo introductorio dedicado a exponer las fuentes empleadas para escribir la historia general de los aspectos más importantes del helenismo. Los tipos de fuente serán literarias, arqueológicas, papirológicas, numismáticas y epigráficas. Entre las literarias destaca indudablemente el historiador Polibio[2] pero también toda una serie de figuras menores como Poseidonio de Apamea, Diodoro Sículo, Arriano y Apiano, así como los historiadores de la época Teopompo y Timeo y otras fuentes más tardías, como el epítome de Justino de las llamadas *Historias Filípicas* atribuidas al galo Trozo Pompeyo. Otros textos importantes son los de Estrabón y de

---

[1] La primera versión de este texto fue redactada en 1996. La versión aquí presentada ha sido revisada con ligeras modificaciones en 2016.
[2] Salvo indicación explícita en el texto los nombres de personas y lugares siguen la terminología adoptada en la traducción del libro.

Paceñas. Asimismo Walbank considera útiles los evangelios Apócrifos, el Josefo de las *Antigüedades judías* y los textos de Eusebio, obispo de Cesárea en el s. II-III d. C.

También son importantes las inscripciones en piedra y mármol de entre las que destacan los acuerdos de ciudadanía recíproca o *sympoliteia*. La famosa Piedra de Roseta sigue siendo un documento de especial importancia: contiene un decreto promulgado por el consejo de sacerdotes de Menfis el 27 de mayo de 196.

A veces la carta de un rey queda inscrita por entero seguida de las decisiones tomadas de tal manera que se ha conservado. Estos documentos permiten fechar los acontecimientos mediante diversos procedimientos derivados del estudio de las letras, el contexto, el carácter de la inscripción, etc.

Los papiros también resultan interesantes, los más conocidos son los de El Fayum y, para el caso del Egipto Ptolemaicos, destaca el archivo de Zenón de Cauto, agente de Apolonio, el *dioiketés* o administrador civil principal en tiempos de Ptolomeo II.

Las monedas han sido útiles muchas veces para fechar diversos acontecimientos. A veces los tesoros de monedas ocultos durante una crisis resultan muy reveladores en este asunto. A través de las distintas acuñaciones de las monedas se percibe la separación del imperio dejado por Alejandro. Los *óstraka* o decretos de expulsión y destierro también son considerados de importancia. El autor es consciente de las limitaciones de los testimonios literarios y considera necesario cotejar testimonios no literarios, de tal manera que introduce bibliografía sobre el tema, aludiendo a las colecciones de textos epigráfico que facilita en la bibliografía pero consciente de las limitaciones que estas publicaciones implican ya que han de ser completadas con textos recientes publicados en revistas (pág. 25).

El segundo capítulo trata de la generación del gran imperio de Alejandro Magno desde 336, en que toma el mando, hasta su muerte en 323. Macedonia fue transformada por Filipo II de un reino fronterizo en un poderoso estado militar que dominaba Grecia a través de la liga de Corinto. Había pasado de ser un pueblo de pastores nómadas a ser uno de labradores sedentarios y habitantes de ciudades. Una vez controlada la Grecia continental Filipo no se atrevió a dejar ocioso al ejército y, coincidiendo con las recomendaciones formuladas por el logógrafo Isócrates diez años atrás, se dirige a Asia, fuente de riquezas y nuevas tierras para mercenarios, exiliados y desposeídos.

En 336 Filipo fue asesinado pero 10.000 hombres ya habían cruzado el Helesponto y Alejandro se encontraba con la Guerra Persa iniciada. Se dedica a fortalecer las fronteras septentrionales en Tracia. Mientras, en Grecia se produce una rebelión. Marcha a Asia con 37.000 hombres, un ejército cada vez más especializado que encuentra en la combinación de las armas su nueva fuerza: había arqueros, lanceros, hoplitas pero sobre todo era importante la caballería. También acompañaba al ejército gente especializada, como científicos, ingenieros, historiadores etc.

Alejandro obtiene su primera victoria junto al río Gránico en el Mar de Mármara. Realiza una ofrenda con la que quiere simbolizar sus pretensiones panhelénicas. En otoño de 333 se enfrenta con Darío en Siso (cerca de Iskenderun, la antigua Alejandreta) y obtiene su segunda victoria, con la que se abre camino hasta Siria. En invierno de 332 ocupa toda Siria y Palestina y funda Alejandría en Egipto. Pretende adueñarse de todo el litoral para evitar ataques navales. En verano de 331 se enfrenta con Darío en Gaugamela, más allá del Tigris. Constituye una batalla decisiva en la que vence Alejandro. Después cae Persépolis y Pasargada, y quema el palacio de Jerjes en la primera ciudad, lo cual constituía la meta simbólica de la empresa panhelénica. A continuación, licencia sus tropas, entrega el tesoro a Harpalos y las comunicaciones a Parmenión, general de Filipo. Después persigue a Darío a marchas forzadas, pero Besso traiciona a Darío y Alejandro lo encuentra herido y moribundo. Besso será ejecutado más tarde en Ecbatana.

En este tiempo Alejandro ya empezaba a mostrar sus pretensiones de ocupar un puesto equivalente al del gran rey persa. Tras este incidente atraviesa las montañas de Albura y se dirige hacia Hircania en el sur del Mar Caspio, se desvía al Oeste y ocasiona la rendición de los mercenarios griegos de Darío. Después se dirige hacia el este, donde conquista la Drangiana, y una vez en Fradah – capital de esta región oriental – acusa de conspiración a Filotas, hijo del general Parmenión. El asesinato de Filotas le sirvió para deshacerse también del padre.

En invierno de 330-329 marcha de Fradah a Paropamisadas y funda la Alejandría del Cáucaso. Después de marchar contra los escitas empezaron a surgir disensiones a manos del nacionalista Espitamenes con un levantamiento en Leninabad. Alejandro se casará con Romana, hija de Oxiartes para reconciliarse con algunos de sus enemigos. En verano de

327 atraviesa los montes Hindú Kusch para dirigirse a la India. Su última gran victoria fue la que obtuvo luchando contra Poros en la margen izquierda del río Hidaspes. Como expone Walbank, no sabemos qué hizo más allá del Punjab. Pero, al parecer, no debía estar muy convencido de la utilidad de sus expediciones de tal manera que decidió regresar. En la India desarrolló una política drástica manchada por las ejecuciones y la excesiva disciplina que se cobró la vida de los sátrapas persas de Paropamisadas, Carmania, Susana y Persas. También su tesorero Hárpalos fue asesinado cuando descubrió que le estaba engañando. Por otra parte, el tratamiento igualitario que empezó a implantar Alejandro entre Macedonios y bárbaros con el fin de diluir las diferencias entre conquistadores y conquistados, no resultó bien avenido entre los griegos de tal manera que en 324 todo el ejército se le amotinó en Opus, excepto la guardia real. Alejandro, una vez sofocada la rebelión, mandó ejecutar a los trece cabecillas e hizo varias plegarias: la primera, para favorecer el entendimiento entre los macedonios y los persas; la segunda, para que recibieran a los ciudadanos exiliados de Grecia y, por último, una más para que se tributaran honores de héroe a Hefestión. En 323 recibe embajadores de distintos lugares del mundo mediterráneo y desarrolla planes para explorar otras tierras en la región del Caspio pero cayó enfermo. Alejandro murió en el palacio de Nabucodonosor II en Babilonia el 13 de junio a los 33 años de edad.

El resultado de la política de Alejandro se cifra en tres aspectos: a) el ejército se convirtió en una fuerza internacional cosmopolita que rendía lealtad a una persona; b) incrementó el poder autocrático; c) llevó el autoritarismo hasta el extremo con un alto grado de intervencionismo en las ciudades, exigiendo gran cantidad de tributos; c) se arrogó procedencia divina, lo cual contribuía a crear una dinastía vinculada a la divinidad; e) muchas de sus fundaciones recibieron la vanidosa denominación de Alejandría.

En el capítulo tercero, «La formación de los reinos (323-301)», Walbank analiza el desarrollo de las distintas regiones tomadas por los generales a la muerte de Alejandro y su configuración como reinos diferenciados. El imperio de Alejandro abarcaba desde Adriático hasta Punjab y desde el Tadjikistán hasta Libia. De 323 a 301 se produce una lucha entre los generales de Alejandro por estas posesiones. De 306 en adelante los individuos que reclamaban estos territorios se convierten en monarcas de cada uno de los reinos que se formaron, y, aunque uno de ellos, Antígono, quiso apoderarse de todo el imperio, con su muerte en la batalla de Ipso (301) desapareció toda pretensión de seguir los pasos de Alejandro. Para esta época es muy útil el relato de Jerónimo que sirve además de soporte para otras fuentes.

Las figuras más importantes, siempre relacionadas con el mundo militar, son entre otros: Perdicas, oficial de caballería de Alejandro, Hefestión, Meleagro, Ptolomeo, Leonnato, Lisímaco, Aristoneo, Pencestas, Seleuco, Eumenes de Cardia, Casandro y Antígono *Monophthalmos* («el Tuerto»). Todos, menos Eumenes, son macedonios y están en lucha continua hasta 270. De 323 a 320 destaca la figura de Perdicas; de 320 a 301 la de Antígono (seguido después por su hijo Demetrio Poliorcetes) que finalmente fue derrotado en Ipso (301), donde resulta ya evidente la existencia de tres imperios o dinastías en pugna: la de Egipto a cargo de los Ptolomeos, el norte de Siria en manos de Seleuco, y el norte de Anatolia y Tracia bajo el mando de Lisímaco. A su vez Macedonia se convertiría bajo Antígono Gonatas, hijo de Demetrio Poliorcetes, en otro territorio soberano definido. Estos fueron más o menos los reinos que permanecieron con ligeras alteraciones durante todo el periodo helenístico.

De 320 a 301 Antígono dominó el escenario de luchas de poder, llegando a ser creencia popular sus pretensiones de conseguir un dominio universal (Polibio, V, 102, 1). Para ello pretendía quitar de en medio a Eumenes, pero cuestiones más urgentes le llevan a establecer una alianza con Lisímaco, Casandro y el propio Eumenes contra Polípercon, uno de los oficiales de Filipo II. De 316 a 315 las tropas traicionan a Eumenes y es ejecutado por Antígono. Entonces se produce el acuerdo de Triparadiso y Babilonia es entregada a Seleuco; Antígono se convierte en amo de todas las tierras desde Asia Menor a Irán y finalmente expulsa a Seleuco. Sin embargo, se formó una alianza de Seleuco con Ptolomeo, Casandro y Lisímaco contra Antígono para que devolviera las tierras, pero esto no sucedió. Antígono extendió sus conquistas por el sur de Siria, Bitinia y Caria; hizo una alianza con Polípercon, que antes había sido su enemigo, y entabló una guerra con Casandro. La liga de Ptolomeo parece que surgió por entonces, fruto también de la política de Antígono. Como reacción a estos movimientos se produce la invasión de Caria en 313 a cargo de Casandro. Tras ser derrotado por Antígono en Gaza se firmó un tratado de paz en 311 en el que se fijaban acuerdos territoriales: a Casandro le correspondía Europa por ser el regente del hijo de Alejandro Magno y Roxana, a Ptolomeo Egipto y las ciudades colindantes de África y Arabia, a Lisímaco Tracia y a Antígono Asia. Pero estos acuerdos no se respetaron. En el Egeo se desató una lucha entre Antígono y Ptolomeo, y tras la victoria en Chipre de Antígono y Demetrio, su hijo, estos consiguieron que fueran saludados como reyes; igual pasó más tarde con Lisímaco y Ptolomeo. Casandro parece que tardó más en conseguirlo o no le dio mucha importancia. Como ya hemos adelantado, la batalla de Ipso (301) supuso el final de Antígono y de la idea de un único imperio. A partir de entonces Asia y Europa tomaron rumbos diferentes.

De 301 a 286 Demetrio intentó restaurar su mando en Grecia, de modo que cuando muere Casandro toma el mando de Macedonia a pesar de la oposición de Pirro. A partir de 289 pierde terreno y es expulsado por Pirro y Lisímaco. Entonces se produce una división de Macedonia y Lisímaco intenta anexionársela. En 232 Seleuco invade Asia Menor. En 281 Lisímaco es derrotado y muerto. Los bandoleros galos empiezan a invadir Macedonia. En 276 Lisímaco se convierte en rey de Macedonia y Tesalia. Finalmente los Antigónidas se establecen definitivamente en Macedonia, los Ptolomeos en Egipto, y los Seleúcidas en Siria, Mesopotamia e Irán.

En el siguiente capítulo titulado «El mundo helenístico: ¿una cultura homogénea?», Walbank analiza la presencia de la minoría greco-macedonia en todo el mundo helenístico. Comienza con una inscripción de Al Khanum (Afganistán) encontrada en un gimnasio (*gymnasion*), lo cual, por la importancia del gimnasio en la educación griega, delata una fuerte presencia helena en Bactria. Los movimientos de los colonos generan lazos fraternales entre los distintos pueblos y un factor importante de civilización. Estos colonos llegan a las tierras o en grupos o de manera individual y no tienen por qué ser exclusivamente greco-macedonios, también hay presencia de otros grupos de gente no griega. Eso sí, la clase dirigente queda siempre configurada por el grupo greco-macedonio. Respecto a las instituciones que se establecen, símbolo del Helenismo, tenemos junto al ya mentado gimnasio otras asociaciones especiales conocidas como *éranoi*, *thíasoi* o vinculadas a divinidades como la llamada *Poseidoniastai*. Estas agrupaciones alimentaban en gran medida la vida social y política. La lengua común era el griego helenístico o *koiné*.

Como es de esperar surgirían problemas en oriente con la minoría griega dirigente. Ni en la Grecia continental ni en Macedonia ni en todo el Egeo hubo secesiones. Sin embargo, Bactria se independizó de los Seleúcidas a raíz de las concesiones territoriales hechas por Seleuco al emperador indio Chandragupta.

El flujo de gentes y viajeros estaba protagonizado por los siguientes grupos: los artistas (*technîtai*) especializados en organizar festividades, los filósofos, los *médicos*, que solían estudiar en Cos, los mercenarios, que iban donde eran llamados y a veces se ganaban la ciudadanía de la ciudad que habían protegido, y los *próxenoi*, «cónsules» que se encargaban de potenciar las relaciones de hospitalidad entre ciudades distintas.

En esta época se produce un paso de la democracia a la autocracia. Primero, ésta no era legítima, sino basada en un interés personal, luego se intentó legitimar el nuevo orden estableciendo relaciones con las divinidades para crear así una dinastía de gobernantes. Por otra parte, los reyes se rodeaban de unos grupos de «amigos» elegidos a dedo sin importar al principio su procedencia.

El capítulo cinco se titula «Macedonia y Grecia», y estudia las relaciones y diferencias de estos dos ambientes culturales y políticos.

En Macedonia no hubo un choque de culturas, sino militar. Tras la muerte de Casandro se la disputan Demetrio, Pirro, Lisímaco y Seleuco. La estabilidad llegó con Antígono Gonatas en 276 y con la muerte de Pirro. La particularidad de Macedonia fue el tipo de monarquía nacional y no personal como en el resto del mundo helénico. El pueblo macedonio tenía una serie de poderes y derechos, entre los que destaca el derecho a juzgar los casos de alta traición, el juramento de fidelidad al rey no como rey sino como general, y la posesión de un tesoro nacional. Los cambios y evoluciones experimentados por el mundo macedonio se cifra en los cambios introducidos en la configuración del grupo de «amigos» que rodeaban al rey: ahora pasaban a ser elegidos de entre gentes de dentro y fuera de Macedonia. Se produce un alto grado de urbanización que la acerca al nivel del reino cultural griego meridional, se fundan nuevas ciudades y se conceden ciudadanías macedonias favorables a la unidad. Poseían las estructuras e instituciones de los estados democráticos griegos como la *boulé* o la *ekklesía*. Crearon muchas *proxeníai*, y las nuevas fundaciones tenían un margen de independencia, si bien todo era controlado por el rey a través de sus *Epístatai*, supervisores gobernantes. Casi todos siguieron los métodos de Filipo II para el desarrollo de sus regiones.

Respecto a las relaciones con Grecia continental hay que resaltar la protección indirecta que le brindaba por su posición geográfica que la mantenía a salvo de los ataques de los tracios y los dárdanos. Sin embargo, los macedonios querían controlar Grecia y los métodos que siguieron para conseguirlo consistieron en: 1) emplear por un lado declaraciones sobre la independencia griega, aunque fuera un discurso vacío, 2) organizar los estados griegos según unas líneas trazadas para la liga de Corinto restaurada por Filipo II con el fin alinear a los griegos dentro de la política macedonia (págs. 85-86), y 3) establecer guarniciones para asegurarse la Grecia Meridional. Esto último fue llevado a cabo por Antígono Gonatas. Estas pretensiones ocasionaron conflictos con Ptolomeo, especialmente por el peligro de sus flotas en el Egeo. En 261 se produce el desastre final de la guerra perdiendo, tras la muerte de Antígono, el poder en Macedonia hasta que fue restaurado 20 años más tarde por su nieto, igualmente llamado Antígono. También es muy posible que los Antigónidas se hayan servido de un sistema de tiranías para controlar las ciudades griegas articuladas en un tipo de alianza que abarcara organizaciones federales bajo la hegemonía del rey de Macedonia, retornando de esta manera a un tipo de política desarrollada antes por Filipo II y Antígono I que se basaba en la *symmaxía* (alianza militar). Evidentemente, el tipo de libertad que conseguían las ciudades griegas afectadas era restringida y falsa.

Los siguientes dos capítulos se titulan «El Egipto ptolemaico» y «Los Seléucidas y Oriente», en los cuales se analizan los modos de vida y de expansión de estos dos reinos importantes llegando a la conclusión de que tienen unos rasgos muy similares.

Egipto siempre fue un obstáculo para la unión del imperio que perseguía Antígono. Una de las regiones más conflictivas de esta zona era Celesiria que fue el motivo de las cinco guerras entre Ptolomeos y Seléucidas. En 294, los Ptolomeos se anexionaron Chipre y en 321 establecieron una alianza con Rodas. Su política externa estaba pensada más bien para evitar ataques y tenía algún que otro tinte antimacedónico. La economía estaba subordinada al poder del estado; el sistema monetario era cerrado y había un minucioso control de la producción. Muchos de los ingresos provenían de los impuestos de los alquileres y el sistema de arrendamiento de tierras (págs. 97ss). Los Ptolomeos tenían monopolios comerciales en torno a los productos y las minas de sal, nitratos o alumbre. Parece ser que era una economía altamente planificada. Por otra parte existía también una clase dirigente greco-macedonia.

Las dos ciudades más importantes eran Alejandría y Naucratis en la que hubo una convivencia griega desde época colonial. Sin embargo, tras Ptolomeo IV crecerán los egipcios y a partir de 207 surgen ya los faraones independientes.

Respecto a los Seléucidas en oriente cabe destacar su labor de helenización de toda la costa Siria.

El capítulo ocho se titula «Contactos entre ciudades y estados federales», y trata de las nuevas adaptaciones de la tradicional polis griega para sobrevivir frente a los poderosos reyes. Por evitar guerras y hambrunas innecesarias se vieron obligados a organizarse en federaciones. Eran débiles frente a los monarcas, y, aunque esta situación nueva les privaba de libertad, sacaban todo el provecho posible. Este tipo de organización se caracterizaba por los siguientes elementos: los arbitrajes entre ciudades, la *asylía* (inviolabilidad), que proporcionaba inmunidad frente a las represalias, así como aspectos de la vida helenística que tenían como propósito borrar las líneas de separación entre una y otra comunidad: *proxenías* (concesión más o menos simbólica de ciudadanía), el derecho a tierras o las concesiones de *isopoliteia* (trato de igualdad a extranjeros). Conservaron sus leyes además de las de la federación.

De entre todas las federaciones destacan la liga Aquea y la de Etolia; eran estados federales como una respuesta interna de los mismos griegos. Se producía una fusión de un grupo de ciudades en una organización más amplia y una renuncia a sus derechos independientes para fortalecerse frente a las grandes monarquías.

El siguiente capítulo se titula «Tendencias sociales y económicas» y se centra en los aspectos económicos del mundo helenístico. Los cambios con respecto a la época anterior no son muy significativos. La fuente de riqueza principal sigue siendo la agricultura. Una parte de la tierra era trabajada por nativos y otra por griegos. Las ciudades estaban organizadas como ciudades estado griegas, y de este modo, un grupo de ciudadanos era propietario de la tierra y la trabajaba con ayuda de esclavos. No hubo cambios sustanciales en este tema salvo algunas mejorías como los drenajes y desarrollos técnicos de los arados de hierro. Cada región tenía una moneda con un tipo de acuñación y, aunque hubo una extensión más amplia de la moneda, esto no afectó la supervivencia del trueque en zonas rurales. Había magistraturas especiales responsables de la compra y distribución del trigo. Incluso en las ciudades había unos fondos especiales destinados a la compra de cereales para evitar épocas de escasez que, aun así, a veces eran inevitables a causa del coste elevado y las dificultades del transporte.

Tampoco el comercio y la industria cambiaron mucho. En el este la industria textil y metalúrgica experimentó un desarrollo y, aunque no sabemos qué tipo de mano de obra utilizaron se supone que funcionaba mucho la producción doméstica y es probable el empleo de esclavos. Un centro importante para el comercio fue Rodas. No obstante, los barcos eran aún muy primitivos: aunque se había descubierto ya el sistema de navegación a vela no lo empleaban demasiado. El peligro de la piratería era otro factor que agravaba la situación, así como los abusos tributarios de los monarcas, si bien a veces compensaban a las ciudades aliadas con préstamos y regalos.

Pasamos ahora al capítulo diez que se titula «Desarrollos culturales: filosofía, ciencia y tecnología». Aquí se exponen los avances más interesantes de la época. Se supone que esta época debió contribuir a la expansión de la creatividad griega, pero la riqueza, la ambición y el sistema centralista de gobierno fueron contraproducentes y llevó a la concentración de las actividades en las grandes ciudades reales como Pérgamo y Alejandría, sobre todo con los tres primeros Ptolomeos.

En Alejandría destaca el Museo y la famosa Biblioteca donde había más de medio millón de rollos de papiro y donde trabajaron los eruditos más importantes de la época: Zenodoto de Éfeso, Aristófanes de Bizancio y Aristarco de Samotracia. Se dio mucha importancia al estudio de los textos homéricos. También destacan Teócrito, el poeta pastoril, que al parecer se aburrió del ambiente y no se quedó mucho tiempo, Apolonio de Rodas, que fue bibliotecario durante mucho tiempo, y el poeta alejandrino Calímaco.

En Pérgamo, bajo el poder de los Atálidas, desarrollaron su actividad intelectual Antígono de Carysto (escultor, escritor de arte y biógrafo), Pólemon de Ilio (coleccionista de información sobre obras de arte) Crates de Mallo (exegeta estoico de lírica épica) y Neantes de Cízico, este último historiador oriundo de Pérgamo.

Atenas también fue un centro importante, sobre todo para la filosofía donde destaca la Academia de Platón, centrada en temas éticos bajo la dirección de Espeusipo y Jenócrates, y el Liceo de Aristóteles, comprado y convertido en escuela reglada de investigación por Teofrasto, sucesor de Aristóteles. Destaca también la escuela de Epicuro en su famoso jardín (*képos*) ateniense, a la que tenían acceso mujeres y esclavos. Su doctrina del hedonismo basada en la imperturbabilidad (*ataraxía*) fue causa de suspicacias y hostilidades injustificadas. El epicureismo fue aventajado en popularidad y respetabilidad por las enseñanzas de la *Stoá*, la escuela estoica fundada por Zenón de Citio situada en el pórtico de las pinturas (*Stoá Poikíle*). El estoicismo se basaba en la idea de la virtud como bien supremo y en la aprehensión directa (*kataleptiké phantasía*) del mundo a través de los sentidos. La *Stoá* llegó a convertirse en la filosofía más popular en los dos primeros siglos del Imperio Romano.

Es muy importante también el Gimnasio de Pérgamo, donde se puso un acento especial en la poesía para los planes de estudio. Se potenció mucho la formación literaria, pero también es importante la ciencia. Una de las figuras más destacadas en Alejandría fue Eratóstenes, que con datos muy precarios y un método matemático extraordinariamente sencillo midió el perímetro de la tierra: de haber sabido que nuestro planeta está achatado por los polos el cálculo hubiera sido perfecto. También es destacable la figura del astrónomo Aristarco de Samos que fue el primero en pronunciar la teoría del heliocentrismo, aunque no sabemos muy bien sus bases científicas. Otros científicos importantes son Apolonio e Hiparco. En la medicina destacaron en Alejandría Herófilo de Calcedón y Erasístrato de Ceos. La mayoría de los científicos tenían patronazgo pero no todos lo conseguían.

Respecto a la mecánica y a la tecnología los resultados son considerados algo decepcionantes a pesar de la figura aislada de Arquímedes que, entre otras muchas cosas, desarrolló el tornillo, Herón de Alejandría, constructor de autómatas y maquinaria militar, y el inventor Ctesibio de Alejandría. Tenemos también en esta época ingenieros de guerra como Diades y Poseidonio. De arquitectura conservamos los libros en latín de Vitruvio.

Tal vez no hubo mucho progreso por el tipo de filosofía restringida a fines más bien éticos que eran poco propicios para el impulso de las ciencias. Además, a veces la ciencia servía a una pseudociencia como es el caso de la astrología.

Antes del periodo helenístico el empirismo de Aristóteles había mostrado cómo usar los materiales para investigar fenómenos naturales; Walbank se pregunta por qué se produce este retroceso: al parecer por falta de un impulso concertado de organización, según concluye él mismo.

El siguiente capítulo se titula «Las fronteras del mundo helenístico. Estudios geográficos», y analiza los motivos que llevaron a los reinos helenísticos a explorar rutas más alejadas de su entorno suficientemente amplio. Al parecer, la expansión comercial les incitaba a esto pero también un interés por explorar nuevas regiones y una curiosidad científica. La India y la frontera sur de Egipto fueron dos zonas preferidas por los exploradores. Los Ptolomeos potenciaron mucho estas empresas y llegaron a fundar colonias alejadas en el mar rojo, como es el caso de Filotera.

Una proeza náutica es la que realizó Piteas de Massalia, que al parecer llegó hasta Cádiz y después se adentró en el Atlántico subiendo hasta la Britania. También florecieron en esta época los libros de viajes y los mapas; destaca el mapa de Dicearco, usado por Eratóstenes, y la figura de Hiparco de Nicea que estableció los principios teóricos de la geografía.

El capítulo doce se titula «Desarrollos religiosos», y trata de los cambios experimentados por las creencias del pueblo greco-macedonio en esta época. Para explicar esto comienza haciendo una alusión a las consecuencias de la sofística precedente que sembró la religión de un escepticismo sólo salvable mediante el rito. Las nuevas monarquías han de buscar un apoyo religioso para justificar su posición. Así los Antigónidas en Macedonia se hicieron descendientes de Heracles, los Ptolomeos devotos del culto a Dionisos y los Seléucidas descendientes de Apolo.

El primer caso oficial de un culto al gobernante se da con los Ptolomeos, cuando Ptolomeo I establece el culto a Alejandro. Casi todos los monarcas se arrogaron el título de salvadores vinculados a alguno de los dioses olímpicos, excepto los Seléucidas que, en virtud de los testimonios conservados, no parecen haber sido considerados dioses en vida. Todo esto tiene una significación religiosa importante, ya que de esta manera se propiciaba el carácter dinástico del trono. Ante el escepticismo que suscitaban las divinidades tradicionales la población empieza a creer en los poderosos. Se produce también poco a poco una tendencia a creer en los dioses orientales hasta el punto de que solo pervivió una divinidad griega abstracta, la *Týche* (Fortuna), lo cual parece indicar el camino hacia el monoteísmo. Walbank dedica las páginas finales de este capítulo a analizar las relaciones del mundo helenístico con la religión judía, sobre todo durante la diáspora, llegando a la conclusión de que precisamente entre los judíos helenizados que empezaron a habitar territorios helénicos se generó la atmósfera de tolerancia adecuada para el nacimiento del cristianismo, aunque esta hipótesis resulte aún discutible.

Por último el capítulo trece se titula «La llegada de Roma» y centra su atención en la debilitación del mundo helénico y los distintos momentos de contacto con Roma hasta la caída definitiva en sus manos al mismo tiempo que Roma, en cierto modo, era helenizada. Los nuevos conceptos de *virtus* y *gloria* y la mayor organización del mundo romano fueron factores decisivos en su adentramiento y victoria sobre el mundo helenístico. Desde las primeras guerras contra Pirro hasta la destrucción de Mantinea (223) pasando por la Guerra Púnica contra los cartagineses y la Guerra Anibálica, Roma se fue apoderando del Mediterráneo y de toda la cultura que lo configuraba hasta el momento. No hizo ni siquiera falta una gran guerra para reconocer la inferioridad del mundo helenístico, es más, desde años anteriores los romanos eran conocidos por los griegos y hubo comercio con los Ptolomeos y la isla de Rodas, y aunque los resultados del poder de Roma sobre las ciudades helénicas fue desastroso para la economía greco-macedonia, esta era la única solución previsible para un mundo destinado a pervivir desapareciendo bajo otros esquemas de poder.

Esta es a grandes rasgos la exposición del libro de Walbank. Como hemos visto se trata de una exposición general que abarca todos los aspectos de la época helenística: historia política, militar, económica y comercial junto con los desarrollos culturales y religiosos. Las causas y las consecuencias del paso del mundo griego democrático a la autocracia del helenismo y del helenismo a la organización romana quedan bien explicadas en el texto aunque hubiera sido interesante un apartado final destinado a hacer balance del complejo entramado de causas y efectos presente en la historia del mundo helenístico. También es de destacar la versatilidad de esta obra ya que tanto un neófito en el tema como un iniciado o un estudioso encuentran puntos de apoyo para comprender las cuestiones más fundamentales en el primer caso, para conocer nuevos datos y reflexionar en el segundo o para elaborar interpretaciones adicionales y profundizar en el tercero.

CON GRIN SUS CONOCIMIENTOS VALEN MAS

- Publicamos su trabajo académico, tesis y tesina

- Su propio eBook y libro - en todos los comercios importantes del mundo

- Cada venta le sale rentable

Ahora suba en www.GRIN.com y publique gratis